AF370962

Aux Citoyens Représentants

A L'ASSEMBLÉE NATIONALE,

Composant la Commission d'Enquête sur les Évènements de Juin.

Aux Citoyens Représentants

A L'ASSEMBLÉE NATIONALE,

Composant la Commission d'Enquête sur les Évènements de Juin.

Citoyens,

J'ai été arrêté le 25 juin, sur les onze heures du matin, devant la grille du palais de l'Assemblée Nationale; j'y arrivais venant de la Mairie du 1er arrondissement où j'avais passé les deux journées précédentes, aidant M. le Maire, mon ami, dans l'accomplissement des nombreux devoirs que lui imposaient les circonstances.

J'étais porteur de laissez-passer pour aller et retour à la Mairie.

Je me rendais à l'Assemblée Nationale dans l'intention connue de M. le Maire, qui approuvait ma démarche, d'y joindre M. le général Cavaignac, dont le frère avait été mon ami, et de solliciter de lui, en invoquant cette ancienne amitié, la mission d'aller au milieu des insurgés tenter de faire cesser cette horrible lutte, qui déjà avait fait tant de victimes, et couvert la ville d'un deuil ineffaçable.

J'étais convaincu, et je le suis encore, que si des républicains éprouvés et dévoués se rendaient au milieu de ces malheureux, évidemment égarés, pour la plupart, par la misère et la faim, et peut-être aussi par des ambitieux qui ne s'abritent sous le drapeau de la République que pour l'abattre, ils parviendraient à les éclairer, à les rappeler à cette belle et généreuse conduite qui, en février, les avait rendus l'objet de l'admiration de tous les peuples. L'heureux résultat qu'à cette époque de février, assisté d'un seul de mes amis, le citoyen Micard, j'avais obtenu au milieu d'une foule immense de peuple et de soldats, me donnait la présomption de croire que je pourrais être l'un de ces hommes dévoués auxquels la France aurait dû la réconciliation de tous ses enfants.

Oui! placé sur le seuil de la porte de la caserne de la Pépinière, entre la foule irritée de mes efforts pour la détourner de désarmer le 52e régiment de ligne qui y était caserné et ce régiment, qui, en s'unissant à nous, ne pouvait consentir à subir le déshonneur du désarmement; les baïonnettes, les sabres, les pistolets, les fusils dirigés contre moi et me touchant la poitrine, je luttai contre elle pendant plus de vingt minutes, et j'eus le bonheur insigne pour moi de la voir écouter mes fraternelles exhortations et renoncer à son projet; j'eus le bonheur de conserver intact un brave régiment, comme nous dévoué à la République, que de mon autorité privée je nommai *premier régiment de la république française.* En tous cas, ma raison se refuse à croire que sous aucun régime ma pensée et ma démarche pussent m'être imputées à crime et me faire conduire, plus ou moins directement, à la Conciergerie, comme coupable de complot tendant au renversement de la République, à la destruction de la famille et de la propriété.

Où serait donc le motif de ma conduite? Ne suis-je pas l'un des principaux fondateurs de la République? Ne suis-je pas père de famille? Ne suis-je pas propriétaire?

Suis-je un ambitieux non satisfait, mécontent?

Jamais je n'ai brigué ni places, ni honneurs.

Jamais ceux qui donnent ne m'ont vu frapper à leur porte.

Je puis désirer pour la république et pour mes enfants que je confonds dans mon amour, un avenir meilleur, mais je sais attendre, et qui me connaît peut affirmer que dès à présent la république et la famille n'ont pas de défenseurs plus dévoués que moi.

Tels étaient mes sentiments en cherchant à rejoindre le général Cavaignac; je n'eus pas le bonheur de le rencontrer.

Apercevant M. Odilon-Barrot qui causait avec plusieurs de ses collègues, je lui demandai la faveur de l'entretenir un instant. Après lui avoir exprimé la douleur que j'éprouvais de ce qui se passait, je lui dis : Mais, ne trouverez-vous donc pas avec vos collègues de l'Assemblée Nationale un moyen de pacifier, plutôt que de foudroyer l'insurrection?

Que voulez-vous que nous fassions? Nous venons de leur donner encore trois millions, me répondit-il.

Je réplique : Ce n'est pas l'aumône qu'ils demandent ; ce que vous leur devez comme souverains ou représentants du souverain, c'est du travail que vous leur avez garanti ; celui-ci élève l'homme, lui fait aimer la paix et attendre avec patience l'effet légitime des promesses qui lui ont été faites. Celle-là, au contraire, le dégrade et le pousse au désordre, surtout quand elle est faite d'aussi mauvaise grace.

Veuillez être mon interprète auprès de l'Assemblée Nationale. Qu'elle me confie la mission d'aller prêcher la paix et la conciliation au milieu des insurgés ; des républicains pénétrés comme moi des véritables sentiments de la fraternité, en feront plus pour atteindre le but que nous devons tous nous proposer, que tous vos canons.

M. Odilon-Barrot ne comprit pas, il m'interrompit par cette apostrophe : « Vous êtes fou. » Je ne pus répondre; le mouvement qu'il fit en me quittant le bras rappela vers nous ses collègues, et entre autres M. Luneau, qui ayant à se venger de quelques petits désagréments que, bien involontairement, je lui avais fait éprouver le 24 février dans le cabinet de M. le Président du Conseil, Ministre de l'Intérieur, se mêla bruyamment à notre conversation dont il ne connaissait pas le sujet; de là émotion générale de la foule qui, malgré les protestations de M. Barrot, qui déclarait bien me connaître et répondre de moi, me poussa avec lui dans le bureau de police à l'entrée du palais, où il me laissa en me témoignant ses regrets de me voir retenu, et en me promettant de s'employer avec ses amis, qui avaient été aussi les miens, pour me rendre à la liberté.

Bientôt après, en effet, je reçus la visite de MM. Vavin et Léon Malleville, qui me témoignèrent les mêmes regrets et me firent les mêmes promesses.

Je ne pouvais m'expliquer la détention que je subissais ainsi dans ce bureau, en présence de plus de cent membres de l'Assemblée Nationale qui me connaissaient parfaitement, et avec lesquels depuis vingt ans j'étais lié étroitement d'amitié ou par mes principes politiques.

Fallait-il croire qu'ils étaient tous dominés par l'égoïsme de la peur? Non; les citoyens Portalis, Landrin, Bastide, Marrast et tant d'autres sont au-dessus de cette faiblesse. Mais tout entiers aux soins de sauver la patrie, ils n'ont pu me donner un seul instant, tout en m'accordant leurs sympathies.

Je restai dans ce bureau toute la journée au milieu des agents de la police qui me gardaient à vue, me laissant cependant la faculté de me mouvoir à mon gré dans l'intérieur et de recueillir par la fenêtre les nouvelles du dehors à mesure qu'elles étaient apportées à l'Assemblée Nationale.

Ce fut de là que je vis pour la dernière fois, hélas! notre vénérable archevêque venant solliciter de **M.** le général Cavaignac, qui mit l'empressement le plus sympathique à la lui accorder, cette même mission de paix et de conciliation qui, quelques heures plus tôt, avait motivé ma démarche à l'Assemblée Nationale et avait occasionné mon arrestation.

Le soir, sur les **10** heures, je fus jeté dans une galerie souterraine du Palais, au milieu de gens arrêtés sur tous les points de Paris, comme meurtriers, empoisonneurs ou assassins, avec les circonstances présumées les plus aggravantes.

Tous ces hommes meurtris, déchirés, craignant d'être fusillés à chaque instant comme ils en avaient été menacés dehors, étaient frappés de stupeur; leurs gardiens se faisaient un malin plaisir de les entretenir dans ces pensées de mort et exerçaient contre eux des rigueurs excessives que le lieu rendait tout à fait inutiles.

Je subissais ma part de ces rigueurs, sans partager les craintes des malheureux prisonniers, dont plusieurs, dans le cours de la première nuit, perdirent complètement la raison et devinrent fous à lier; c'était un spectacle des plus affligeants à voir.

J'ai ainsi passé les deux premiers jours de ma captivité dans ce souterrain, occupé à donner des consolations à tous ces malheureux qui voulaient me faire le confident de leurs misères. J'ai écrit à divers Représentants de l'Assemblée Nationale qui s'étaient trouvés témoins de mon arrestation, par l'entremise de quelques gardes nationaux, qui ne pouvant voir en moi un homme indigne des moindres égards, m'en avaient furtivement fourni les moyens, mais je n'ai reçu ni visite, ni réponse; mes billets ne sont peut-être pas parvenus à leur adresse.

Le troisième jour, j'ai été appelé devant un magistrat instructeur qui m'a fait subir un interrogatoire fort court, dont je ne puis me rappeler les termes, mais dont le fond est ceci :

Le procès-verbal portait, je crois, en tête :

Inculpation de participation aux journées de Juin, comme chef d'un complot, ayant pour but de renverser la République et de détruire la famille et la propriété.

Première demande : — Quand avez-vous été arrêté ?

Rép. — Dimanche 25 juin, sur les 10 heures et demie du matin, devant la grille du Palais de l'Assemblée Nationale, causant avec M. Odilon-Barrot et venant de la Mairie du 1er arrondissement, avec un laissez-passer pour aller et retour que je vous représente.

D. — Êtes-vous allé le jeudi 22 avec les ouvriers des ateliers nationaux au Luxembourg, pour voir M. Marie, membre de la Commission exécutive?

R. — Non, Monsieur, je suis arrivé jeudi matin de la campagne, quittant à grand regrets mes pauvres petits enfants, dont l'aîné faisait ce jour-là même sa première communion, pour assister aux débats d'une affaire personnelle que devait plaider Me Duvergier, mon avocat; je passai une grande partie de la journée avec lui au Palais et je rentrai ensuite chez moi.

D. — Êtes-vous allé le lendemain 23 au Panthéon avec les ouvriers des ateliers nationaux?

R. — Non, Monsieur.

D. — Avez-vous été poursuivi ou arrêté pour l'attentat du 15 mai?

R. — Non, Monsieur.

Je voulais faire consigner dans cet interrogatoire, et comme complément de ma dernière réponse, quelle avait été ma conduite au 15 mai : M. le magistrat instructeur s'y refusa, en me disant qu'il n'avait mission d'instruire que sur les évènements de juin.

Mes réponses nettes et précises, dont la sincérité ne pouvait être mise en doute et qu'il était d'ailleurs facile de vérifier en s'adressant aux personnes que j'avais citées, devaient me faire espérer de recouvrer immédiatement ma liberté.

Pas du tout; il me fallut quelques jours plus tard subir le transfèrement à pied, au milieu d'une double haie de soldats, à la prison de la Conciergerie. A la porte se trouvait un camarade, avoué de 1re instance à Paris, qui, en me voyant, s'écria : Comment, vous aussi dans cette position? — Mon Dieu oui, mon ami, répondis-je, moi!! — Je ne suis pas votre ami, s'empressa-t-il de répliquer. Pauvre garçon! la peur lui avait flétri le cœur.

Cette nouvelle honte bue, je tentai de faire parvenir à mes amis, à ma famille, l'avis de mon arrestation, dont je ne savais pas que ces bons journaux, lâches organes ou échos de la calomnie, qui n'osent frapper l'homme de cœur que quand il est dans les fers, eussent entretenu le public d'une façon si malveillante et si contraire à la vérité. Ce n'était pas chose facile, car après avoir passé par un nombre infini de couloirs obscurs et infects, et avoir reçu à l'extrémité un pain que les chiens ne voudraient pas manger et un morceau de fromage de Gruyère pourri, je fus poussé, avec mes compagnons de voyage, dans une cour déjà remplie de 1,200 à 1,500 personnes, commandants, capitaines, officiers et soldats de la garde nationale, encore revêtus de leurs uniformes, et autres citoyens vêtus de toutes façons; tous abîmés par les mauvais traitements dont ils avaient été l'objet avant leur entrée dans cette espèce de fosse commune, ou par la fatigue qu'ils y avaient éprouvée depuis qu'ils y avaient été jetés. Ce ne fut qu'au bout de quelques jours que je pus faire connaître le lieu de ma captivité, et recommander à un ami d'aller trouver **M**. Odilon-Barrot pour lui rappeler qu'il en était la cause et qu'il devait la faire cesser.

J'attendis longtemps : enfin un billet m'annonça *que M. Barrot se disposait à s'occuper* de me faire mettre en liberté quand il apprit que j'étais retenu pour faits antérieurs.

Ainsi **M**. Odilon-Barrot, qui avait été cause de mon arrestation, n'avait rien fait pour faire cesser ma captivité. Cependant, en me faisant savoir que j'étais retenu pour faits antérieurs aux évènements de juin, il me rendait un service : *merci, M. Barrot.*

Mais, me suis-je dit, des faits antérieurs ne peuvent me soumettre à la juridiction tout exceptionnelle et spéciale créée pour et après les évènements de juin, et dans tous les cas n'ayant subi d'interrogatoire que sur les faits de participation supposée à ces évènements, je dois être admis à me faire interroger sur les faits qui me font retenir en prison, et dont il doit m'être donné connaissance.

Je demande donc à être interrogé en expliquant ma demande : pas de réponse.

J'espérais qu'au moins la commission d'enquête, au nom de laquelle il m'avait été dit qu'une saisie de papiers avait été faite chez moi, arriverait à se convaincre, par l'examen de ces papiers et des renseignements qu'elle avait pu recueillir d'ailleurs, que je ne pouvais, de près ou de loin, être attaché à un complot contre la famille et la propriété; que j'étais victime de quelque erreur ou de quelques méchantes calomnies, et qu'elle s'empresserait de me faire recouvrer la liberté, dont la privation ne peut s'expliquer que par le trouble qui régnait dans les esprits au moment de mon arrestation.

J'attends toujours, et rien ne m'indique que la lumière se fasse à mon égard. Mais quelque rigoureux que soit le secret auquel nous sommes soumis depuis dix jours dans notre prison, il n'a pu me dérober que mes intérêts de famille les plus graves, engagés dans des débats affligeants, avaient été compromis de la manière la plus sérieuse par ma captivité; qu'aujourd'hui tout est perdu, et que même des lâches qui ont attenté à mon honneur personnel, devenus tout-puissants par la trahison, me tiennent ou me font tenir captif pour se soustraire à la juste réparation qu'ils me doivent et que depuis longtemps déjà je leur demande en vain.

Sous l'impression des brûlantes pensées que m'inspirent ces nouvelles, ne trouvant plus dans mes souvenirs judiciaires de guide pour découvrir la juridiction à laquelle je puis m'adresser; ne connaissant de la loi que vous avez faite après les évènements de juin, pour leur en faire rétroactivement l'application, que son existence, je m'adresse à vous, Citoyens Représentants, composant la commission d'enquête nommée par l'Assemblée Nationale toute-puissante, mais aussi responsable envers le pays et chacun des citoyens de toutes les iniquités qui se commettent dans ces temps de confusion et de terreur où la force seule domine, étouffe tous sentiments, et impose silence aux lois, au droit, à la raison. Je ne discute point du fond de ma prison, ne pouvant connaître les faits qui m'y font retenir, avisé seulement qu'ils sont antérieurs aux évènements de juin, grace à **M. Odilon-Barrot**. Je vous livre ma vie politique tout entière; si elle n'est pas glorieuse, je puis du moins affirmer qu'elle est honorable et fraternelle.

Je vais la retracer en peu de mots; la voici :

Républicain toujours, révolutionnaire jusqu'au **24 février 1848**, je n'ai jamais conspiré dans l'ombre ; c'est à ciel ouvert que j'ai combattu les monarchies aînée et cadette, quoique je fusse alors avoué.

La décoration de Juillet constate que j'ai pris part à la lutte qui a amené cette glorieuse révolution ; mais elle ne dit pas mes titres à cette récompense nationale. A mes yeux, le plus méritant, c'est d'avoir sauvé tous les prisonniers que nous avions faits au Palais-Royal, rue de Richelieu et rue de Rohan, en me plaçant entre eux et mes braves compagnons d'armes, et en forçant ceux-ci, par un appel énergique à la générosité de leur cœur, à m'aider à remplir la mission que je m'étais donnée pour obéir au mien.

J'ai pris part à l'insurrection de juin **1832**. Membre de la société pour l'éducation du peuple ; membre de la société *Aide-toi, le ciel t'aidera* ; membre de l'union du Juillet; à ces divers titres, j'assistais au convoi du brave général Lamarque. Chargé par les dragons à l'improviste, et voyant deux de mes concitoyens tombés et blessés à côté de moi, je me retournai et m'écriai : « Mes amis, nous sommes trahis! on » tire sur nous; en avant! » Et aussitôt, nous fîmes face à la troupe, manisfestant l'intention de lui résister, quoique nous ne fussions armés que de nos sabres de gardes nationaux : elle s'arrêta, et en un instant, d'un baquet chargé de tonneaux qui se trouvait arrêté près de là, nous fîmes une barricade; ce qui détermina les dragons à abandonner ce point. Les débats ultérieurs de l'affaire Jeanne et consorts, combattants de Saint-Méry, constatent ce que je viens de dire; et voici comment : sur les conseils de Me Marie, aujourd'hui Ministre de la Justice, et alors avocat de Jeanne, je fus assigné par ce dernier comme témoin à décharge.

Officier ministériel, ma comparution pouvait compromettre ma fortune, et plus encore peut-être.

Ma compagnie était fort contrariée de voir figurer un de ses membres dans cette affaire, même comme simple témoin à décharge.

On me fit entendre que si je voulais ne pas me présenter on me ferait exonérer de l'amende; que si au contraire je me présentais, je courrais le risque de compromettre mon état ; je répondis : « Que si les accusés m'avaient fait assigner, c'est » qu'ils avaient cru mon témoignage utile à leur défense; qu'il s'agissait pour eux » de la vie, et pour moi seulement de la fortune; qu'il ne m'appartenait pas de » choisir ; que je répondrais à l'appel. »

Il s'agissait en effet de constater une circonstance grave dans l'affaire, la provocation; de quel côté était-elle? Je venais soutenir que c'était du côté des dragons qui nous avaient chargés dans des circonstances que j'ai dites plus haut, et le fait est resté ainsi établi aux débats, après confrontation du commandant et de plusieurs officiers de la troupe avec moi.

Lorsque je me présentai pour déposer, **M.** l'avocat-général me dit : N'oubliez pas que vous êtes avoué près la Cour ; je répondis : C'est la première chose qu'en entrant ici je me suis efforcé de faire pour conserver toute ma liberté de conscience et déposer ainsi que je vais en faire le serment. Lorsque j'eus déposé, **M.** le président du jury m'adressa cette question : Qu'avez-vous fait, Monsieur, le lendemain ? Je répondis : Je ne suis pas accusé ; témoin, je n'ai pas à faire connaître mes actes, mais seulement à déposer de ce que j'ai vu et est à ma connaissance ; je ne répondrai pas à la question.

Enfin, **M.** Jacquinot Godard, président les assises, dans sa bienveillance connue pour les patriotes, dit : En refusant de répondre, le témoin fait assez connaître ce qu'il a fait le lendemain.

S'il ne reste pas trace de ma participation aux évènements d'avril 1834, elle pourrait au besoin être attestée par les patriotes dont j'ai fait des peintres en bâtiment, et par lesquels j'ai fait barbouiller et rebarbouiller une maison que je possédais aux Batignolles, dans laquelle je les avais logés pour les soustraire aux recherches de la police, à cause de ces évènements.

Mes luttes dans les élections et dans les comités électoraux sont connues de tous ceux qui s'occupaient de politique à Paris et dans mon département.

Je n'ai jamais reculé ; mais dans toutes les occasions j'ai pris le même rôle, celui de conciliateur entre mes frères ; pour moi, cette admirable devise que porte aujourd'hui notre drapeau a toujours été la mienne ; aussi, en combattant pour le triomphe de mes principes, je n'ai pas cessé de tendre la main à mes adversaires, et de les protéger au besoin.

C'est pour cela que je me suis trouvé spontanément identifié avec le peuple de Paris, modèle de courage, de probité et de générosité dans l'œuvre impérissable de régénération sociale qu'il a si glorieusement accomplie en février.

Je n'en parlerai qu'en ce qui se rapporte au rôle que j'ai déjà indiqué comme celui qui me convenait le mieux dans nos luttes politiques et révolutionnaires.

Le 23 février au soir, je fus témoin du lâche assassinat du peuple près du Ministère des affaires étrangères.

Je m'empressai de porter secours, avec beaucoup d'autres de mes concitoyens qui avaient échappé au massacre, à ceux qui en avaient été victimes et qui n'étaient que blessés ; nous en portâmes chez tous les pharmaciens d'alentour, qui s'empressèrent de leur donner les premiers soins que réclamait leur état. Nous mîmes ensuite dans un char que le hasard avait amené sur ce point nos malheureux frères frappés à mort dans ce même massacre ; j'accompagnai ces tristes restes jusqu'au bureau du *National*.

Le citoyen Garnier-Pagès, qui parut à la fenêtre, promit de les venger ; mais il ne voyait pas comme nous une révolution dans ce cruel évènement.

Dès le matin, le lendemain 24 février, accompagné d'un de mes bons amis, **M.** Micard, tandis que les braves ouvriers de notre voisinage élevaient des barricades sur tous les points du quartier, j'allais à la caserne du 52e, rue de la Pépinière, solliciter le colonel de s'unir au peuple afin d'éviter l'effusion du sang français qui n'avait déjà que trop rougi le sol de la cité. M. le colonel repoussa notre proposition, mais il nous promit en même temps de rester fermé dans la caserne et de ne faire usage des armes à sa disposition que pour se défendre s'il était attaqué.

Nous le priâmes de nous permettre de revenir une heure après lui soumettre de nouveau notre proposition, en le tenant au courant des évènements qui se pressaient, et qui, nous l'espérions, le détermineraient à l'agréer; nous le quittâmes dans ces termes, et nous nous rendions à la mairie du 1er arrondissement, quand nous rencontrâmes près de la Madeleine un bataillon de ce même régiment venant du quartier Saint-Martin, précédé d'un peloton de garde nationale de la 5e légion, et enveloppé par la foule qui menaçait de le désarmer. Par nos efforts et nos exhortations, cette foule devint elle-même protectrice de la troupe, et nous eûmes le bonheur de la reconduire jusqu'à la caserne sans qu'aucune atteinte ait été portée à sa dignité.

Cette circonstance, appréciée comme elle le devait par le colonel, le détermina à accueillir notre proposition et à se mettre à notre disposition pour la défense de nos droits contre le despotisme et la tyrannie qui nous avaient provoqués.

Ce fut plus tard que nous empêchâmes une lutte sanglante et le désarmement du régiment, ainsi que je l'ai dit plus haut.

Après avoir assuré l'union de ce régiment avec le peuple, nous nous dirigeâmes, mon ami et moi, vers la mairie; là, comme partout, c'est toujours l'union que nous prêchons à nos frères gardes nationaux et ouvriers, qui encombraient la cour et la rue : Pour être forts et triompher sans effusion de sang, il faut être unis, leur disions-nous.

A cet égard je pourrais invoquer le témoignage de tous les officiers de la légion qui se trouvaient alors réunis ; je suis persuadé que, malgré nos dissentiments politiques, il ne me ferait pas défaut.

Notre mission sur ce point accomplie, nous nous disposions à aller à la Chambre des Députés; sur la place de la Concorde nous rencontrâmes M. Vatout, qui, en échange des félicitations que nous lui adressions sur l'effet des résolutions prises, les jours précédents, par la majorité de la Chambre, dont il avait l'honneur de faire partie, nous dit qu'à notre tour nous devions être satisfaits ; que le roi venait d'abdiquer en faveur de son petit-fils le comte de Paris, sous la régence de Madame la duchesse d'Orléans. A son grand étonnement nous lui dîmes que nous n'étions pas satisfaits de ce parti pris sans nous consulter; que nous entendions avoir mieux que cela ; que nous voulions la République, et que nous étions en mesure de réaliser nos vœux. M. Vatout nous quitta peu satisfait cette fois, et probablement incrédule, pour se rendre à la Chambre. Un instant plus tard M. Thiers, venant du même côté, allant également à la Chambre, parut sur le pont et y fut accueilli par ses amis comme un président du conseil des ministres et accompagné par eux jusqu'à la Chambre. Nous le laissâmes aller pour attendre M. Odilon-Barrot, que nous apercevions, quoique d'assez loin, au milieu d'un groupe de Députés, se dirigeant aussi du côté de la Chambre. Ayant l'avantage de le connaître depuis longtemps, je le priai de nous dire ce qu'il y avait de nouveau dans la situation, car nous savions qu'il venait d'être appelé à la présidence du conseil; il nous dit avec satisfaction que, nommé président du conseil par e roi, il se rendait avec ses amis au ministère de l'intérieur pour préparer une proclamation annonçant au peuple de Paris et des départements l'abdication du roi en faveur du comte de Paris, sous la régence de Madame la duchesse d'Orléans. Nous l'engageâmes à se borner à proclamer l'abdication du roi et à en appeler au peuple pour le reste, ajoutant que s'il tentait de proclamer le comte de Paris roi avec une régence quelconque, nous étions en mesure de l'empêcher, et de proclamer la République, ce que nous ferions immédiatement.

M. Odilon-Barrot ne tenant pas compte de notre charitable avis, continua sa route vers le ministère de l'intérieur; nous y étions avant lui et il lui fallut de nouveau discuter avec nous la question que soulevait la situation, et après un débat fort long, auquel prirent part MM. Beaumont de la Somme, Luneau, Isambert, Saint-Albin, et beaucoup d'autres de ses amis qui l'avaient accompagné, ne voulant pas nous faire la concession que nous lui demandions, il passa dans un arrière cabinet pour y rédiger la proclamation dont je viens de parler, dans les termes qu'il nous avait annoncé d'abord.

La discussion continua avec ses amis, nous nous efforcions de leur faire comprendre le danger de leur situation en repoussant notre proposition, qui laissait à chacun ses espérances.

Intervint M. de la Rochejacquelin, qui se joignit à nous pour soutenir qu'il n'était ni juste, ni politique, de vouloir constituer un nouveau pouvoir sans un appel à la nation; il ne fut pas plus heureux que nous.

M. Odilon-Barrot rentra dans le cabinet et nous annonça qu'il venait d'envoyer sa proclamation à l'imprimerie.

Nous quittâmes alors, M. de Larochejacquelin, M. Micard et moi, le ministère : M. Garnier-Pagès y entrait sans doute pour prendre part au ministère de la régence, car un petit billet de lui, adressé de l'Hôtel-de-Ville le même jour à cinq heures, à M. Barrot, qui était retourné au ministère en sortant de la Chambre, annonçait à ce dernier qu'il ne devait plus compter sur son concours; que ses amis, réunis à l'Hôtel-de-Ville, avaient constitué un gouvernement provisoire et une administration nouvelle, qu'ils l'avaient prié d'accepter les fonctions de maire, et qu'il s'était rendu à leur désir.

En sortant du ministère, M. de Larochejacquelin rencontra M. Brignols Sals, ambassadeur de Sardaigne, son ami : en l'abordant il lui dit : Nous venons de proclamer la république, vous pouvez l'écrire à votre gouvernement. Nous laissâmes l'ambassadeur étourdi par cette nouvelle, et nous courûmes à la Chambre. Arrivés sans obstacles au bas de la tribune, à ce moment libre, l'ami Micard s'empresse de franchir quelques degrés, mais les huissiers le retiennent; je m'élance de l'autre côté, les huissiers courent après moi, me retiennent et cherchent à m'entraîner, ainsi que mon ami, hors de la salle.

MM. les Députés, furieux, crient : C'est une violation de la Représentation nationale. Nous protestons énergiquement, nous disons : Il n'y a plus de Députés, il n'y a plus aujourd'hui ici que des citoyens réunis pour aviser aux moyens de sauver le pays. Croyant nous satisfaire, on nous offre des places dans une tribune réservée nous protestons encore et déclarons que nous ne voulons d'autre tribune que celle que nous avons devant nous. On nous offre des sièges dans l'hémicycle, nous les acceptons.

Madame la duchesse d'Orléans, avec ses enfants et sa suite, venait de quitter cette place, et était assise sur les bancs supérieurs du centre gauche. En ce moment, M. Emmanuel Arago entre dans la salle par la porte de gauche ; aussitôt des Députés courent au-devant de lui et l'entraînent hors de la salle en lui disant il faut nous entendre ; allons dans un bureau de la Chambre. La séance est reprise.

Mᵉ Marie monte à la tribune ; l'avocat du *National* qui négocie avec la régence, mais dont les conditions ne sont pas encore acceptées, plaide sèchement pour son client l'exception dilatoire.

M. Crémieux, qui lui succède, ne dit rien de mieux, dans de meilleurs termes.

M. Genoude, et surtout M. de Larochejacquelin, abordent les premiers la question et la résolvent en quelques mots : Nous n'avons plus de mandat, il n'y a plus de Députés, et rien de valable ne peut se faire que par le peuple convoqué régulièrement.

M. de Larochejacquelin, en gardant sa religion des souvenirs, se montra dans cette circonstance et toutes celles qui suivirent, homme de cœur et vraiment patriote.

On annonce M. Odilon Barrot ; il monte à la tribune, et en peu de mots il fait connaître l'objet de sa mission à la Chambre, qui l'accueille par acclamations frénétiques et presque unanimes.

Mᵐᵉ la duchesse d'Orléans se lève et commence à parler pour remercier sans doute l'Assemblée. Si elle eût pu le faire en quelques mots ; monter immédiatement à cheval avec son fils, et aller sur les boulevarts accompagnée de la Chambre et de la garde nationale, le dernier mot de la royauté n'était pas dit. Mais M. Odilon Barrrot, qui n'avait pas vu le mouvement de la duchesse, voulut continuer son discours. Toutes ses protestations inutiles lui ont fait perdre la partie ; il était du reste presque impossible de la soutenir avec des hommes aussi pusillanimes que se sont montrés la plupart des Députés dans cette circonstance solennelle et décisive.

M. Ledru-Rollin monte à son tour à la tribune ; ce fut en ce moment que se firent entendre deux coups de crosse de fusil dans une porte d'une tribune publique supérieure, qui céda bientôt et permit l'entrée de la tribune à la foule, parmi laquelle se trouvaient quelques hommes armés.

Un d'eux seulement, en descendant les gradins, laissa tomber en avant le canon de son fusil ; ce fut assez pour glacer d'effroi toute la Chambre.

M. le duc de Nemours crut qu'il n'y avait plus sûreté pour lui, et s'esquiva furtivement en se couvrant du vêtement d'un de ses voisins. M. Sauzet trembla, mais resta à son poste. Un instant après, une marque de désapprobation partie du centre et non réprimée par le président, fit de nouveau baisser le canon de fusil ; l'homme qui en était armé et qui s'était mis à cheval sur la balustrade, semblait le diriger contre M. Sauzet, qui cette fois se couvrit et se sauva en rampant derrière son bureau pour échapper à la balle que, dans sa frayeur, il croyait dirigée contre lui. La panique gagna tous les Députés, qui disparurent en se glissant entre leurs bancs comme des maraudeurs surpris en flagrant délit par un garde-champêtre.

Je n'en vis plus que quelques-uns, parmi lesquels M. Jacques Palotte, Député de l'Yonne.

La tribune était occupée en ce moment par MM. Lamartine et Ledru-Rollin, et de chaque côté, au haut des escaliers se trouvaient, à droite M. le baron Dumoulin tenant un énorme drapeau; à gauche, une autre personne tenant également un drapeau, ce qui produisait le plus bel effet.

La salle venait d'être envahie, et le bureau, déserté par les Députés, fut immédiatement occupé par nos amis, qui appelèrent M. Dupont (de l'Eure) à présider l'assemblée. Voyant le peuple envahir de plus en plus les bancs du centre, quoique sans violence, et craignant que dans un moment de tumulte et de pression, il n'arrivât à Mme la duchesse d'Orléans ou à ses enfants quelque accident qu'on ne manquerait pas d'attribuer à crime aux républicains, je montai l'escalier de face à peu-près jusqu'à moitié; je me trouvais près d'un de mes anciens camarades, ami du *National*, M. Chevalier, qui sans doute avait accompagné Mme la duchesse d'Orléans, car il n'était pas Député, quand il prit la parole avec une grande véhémence en faveur de la régence; nous eûmes beaucoup de peine, M. Vavin, un autre de ses amis qui se trouvait là, et moi, à obtenir de lui le silence.

Mme la duchesse d'Orléans, abandonnée d'abord par M. le duc de Nemours et ensuite par toute la chambre, voyant qu'il n'y avait plus de chances pour son fils, et pourtant toujours calme et digne, manifesta le désir de se retirer. Je m'empresse de me retourner vers le groupe qui l'entourait et de proposer de faire une double haie au milieu de laquelle elle eût pu se retirer avec ses enfants sans être foulée et sans danger. Au lieu de m'écouter, ces valets courtisans se jetèrent les uns au devant de la duchesse pour avoir l'honneur de lui offrir leur bras, les autres sur le comte de Paris pour avoir l'honneur de l'emporter et de se dire ses sauveurs; ils embarrassèrent la marche, la rendirent fort difficile; la duchesse fut séparée immédiatement de ses enfants; les hommes qui voulaient porter le comte de Paris se l'arrachaient. Je les engageai à le laisser porter par un seul, et leur demandai à faire la haie avec les autres.

Me croyant peut-être malintentionné, ils m'assommèrent à coups de poings, sans cesser de se disputer comme une proie ce pauvre enfant. Je persistai malgré cela à soutenir sa retraite de mon mieux; elle s'opérait par une petite porte au haut de l'extrême gauche; quand nous l'eûmes franchie j'aperçus Mme la duchesse d'Orléans qui touchait au bas de l'escalier dans lequel nous nous engagions; il était fermé par une porte vitrée que la foule empêchait d'ouvrir; on fut obligé d'en briser les glaces, ce qui produisit sur Mme la duchesse d'Orléans un tel effet, qu'elle perdit connaissance et laissa tomber sa tête en arrière sur les personnes qui la soutenaient. On finit par franchir cette porte. Le flot qui nous précédait s'écoula: il se fit un vide qui démasqua un petit escalier sur la gauche; les personnes qui tenaient le comte de

Paris s'y lancèrent avec cet enfant, croyant trouver un moyen de salut. Je les suivis : nous étions à peine à moitié, que la foule qui était dans les tribunes supérieures se précipite dans ce même escalier. Alors ces hommes, perdant la tête, laissent tomber l'enfant dans mes bras. Je redescends, je parviens dans la salle des Pas-Perdus, je demande et on me fait place; mais à mon tour, un peu agité et ne me rappelant pas que le sol du jardin n'était pas au niveau de la pièce où nous étions, ne pouvant gagner aucune porte, je prie qu'on m'ouvre une croisée, et je me lance dans le jardin. Quelque personnes me suivent, l'une d'elles me dispute mon précieux fardeau, une autre s'en approche seulement pour lui dire : N'ayez pas peur, mon prince, on ne vous fera pas de mal. C'était, je crois, l'un de ses précepteurs; je lui dis aussi, moi : Ne craignez rien, mon petit ami, j'ai des petits enfants comme vous, que j'aime beaucoup, et je serais bien aise qu'on les sauvât s'ils étaient en danger. Il paraissait inquiet de ne pas voir sa mère, mais ne pleurait pas. Nous traversâmes le jardin, puis le chantier à la suite, dirigeant nos pas vers l'hôtel de la Présidence. Voyant qu'il n'était pas habité, nous ne savions plus où aller, quand on nous appela sur la gauche; j'y allai sur l'indication de la personne que je croyais le professeur du prince. Cet enfant reconnut plusieurs personnes qui se trouvaient à une croisée d'un bâtiment que l'on me dit être l'hôtel provisoire de la Présidence. Je le confiai à ces personnes, qui étaient à l'intérieur, en le passant par cette croisée, et je me retirai, ma mission étant remplie de ce côté.

J'avais perdu mon chapeau dans le trajet, il fut retrouvé par les agents de la Chambre, tout souillé de boue, au bas de la croisée par laquelle j'avais sauté dans le jardin du palais. En revenant à la Chambre, j'entendis dire : Colonel prenez garde à vous, on en veut à votre vie. On n'en veut à la vie de personne, m'écriai-je; mais, M. le colonel Lemercier que je reconnus, ne s'en éloigna pas moins rapidement sans me répondre; je rentrai à la Chambre, on allait procéder à l'élection du Gouvernement provisoire de la République.

Plusieurs listes furent mis en avant, et les noms qui furent proclamés sans difficulté sont ceux de MM. Dupont (de l'Eure), Arago, Lamartine, Ledru-Rollin; celui de M. Garnier-Pagès fut fort contesté, mais admis en définitive.

Les noms de Marie et Crémieux, proposés à plusieurs reprises, furent repoussés.

Cette opération terminée, nous quittâmes la Chambre pour accompagner notre nouveau Gouvernement à l'Hôtel-de-Ville.

Notre vénérable président ne pouvait y aller à pied, et il ne se trouvait sur la place qu'un mauvais cabriolet; faute de mieux, nous y montâmes, le président et le cortège se mît en marche en suivant les quais de la rive gauche.

L'Hôtel-de-Ville était déjà occupé par le peuple, qui voulut que le Gouvernement que nous avions élu à la Chambre proclamât la République, et fît son programme, dont l'existence serait constatée de manière à ce qu'il ne pût avoir le sort de celui de 1830, avant et comme condition, *sine qua non* de son installation.

M. Ledru-Rollin qui avait pénétré le premier dans la grande salle se déclara prêt à proclamer la République, comme déjà il l'avait fait à la Chambre; mais il ajouta : Je ne puis engager mes collègues. Ces Messieurs étant arrivés demandèrent un moment pour délibérer entre eux et ils se retirèrent. Nous les croyions dans la la pièce voisine, ne les voyant pas reparaître, l'impatience gagna tous les citoyens; nous fûmes, à deux, chargés d'aller à la recherche de notre Gouvernement; nous désespérions de le trouver, quand nous en découvrîmes un autre qui fonctionnait déjà; il se composait notamment des rédacteurs des journaux la Réforme et le National : Flocon, Marrast, Louis Blanc, etc., qui nous indiquèrent la retraite de celui que nous cherchions.

Bientôt, ce double Gouvernement n'en fit plus qu'un; MM. Marie et Crémieux, qui avaient été repoussés à la Chambre, trouvent le moyen de se glisser dans son sein, à l'Hôtel-de-Ville, en passant par les portes dérobées.

Aussi, au lieu de venir devant le peuple recevoir son baptême, il s'enferma à double tour dans la pièce la plus reculée du palais, et ne communiqua plus avec lui presque toute la nuit que par le trou de la serrure.

C'est ainsi qu'il lui a fait connaître sa composition non encore définitive et son choix des délégués aux divers ministères et autres grandes administrations publiques.

Tout cela ne se fit pas sans protestation bien entendu ; au contraire, il y en eut de nombreuses et des plus énergiques.

En déclarant dans son compte rendu des travaux du Gouvernement provisoire, que le choix et les proclamations de la République étaient l'œuvre spontané du peuple et non celle du Gouvernement provisoire, M. Lamartine a dit vrai; il eût été encore plus exact, s'il avait dit que lui et plusieurs de ses collègues y ont résisté tant qu'ils ont pu; ce ne fut, en effet, que le deuxième jour que l'on triompha de ce gouvernement de toutes pièces, et qu'il proclama officiellement la République, quand il eut perdu tout espoir ou fut délivré de la peur. Ce n'était pas de nature à donner confiance aux plus modérés, mais sincères républicains. Je savais d'ailleurs qu'il existait une profonde inimitié entre divers membres de ce Gouvernement, et que ce sentiment avait survécu à la promesse qu'ils nous avaient faite de le bannir de leur cœur, pour travailler franchement et en commun à assurer la prospérité de la République et le bonheur de ses enfants.

C'est pour cela que je n'avais pas abdiqué complètement et sans réserve ma part de souveraineté.

J'avais conservé mes entrées et mes allures franches à l'Hôtel-de-Ville, et je ne négligeai aucune occasion de rappeler à mes anciens amis, quand il m'était donné de les rejoindre, car la chose n'était plus aussi facile, leurs promesses, en mettant sous leurs yeux l'exemple admirable d'union, de fraternité et d'abnégation que dans ces premiers temps leur donnait cette généreuse population de travailleurs de Paris qui avait fait la révolution, non seulement en respectant, mais encore en protégeant toutes les personnes, toutes les familles, toutes les propriétés.

Qu'on ne l'oublie pas; l'abolition de la peine de mort en matière politique fut une inspiration du peuple; le Gouvernement provisoire ne fit que la sanctionner.

Ce fut toujours animé des mêmes sentiments de patriotisme, d'union et de fraternité que je me rendis à l'Hôtel-de-Ville, dans toutes les occasions où l'on pouvait craindre que la paix publique ne fût troublée; ainsi, les **16** et **17** mars, ainsi le **17** avril, je ne manquai pas à ma mission.

Libre, je serais humilié d'appeler sur mes actes des témoignages qui ne me manqueraient pas; mais, captif en de tels temps, mon devoir envers mes pauvres enfants, auxquels je ne puis plus laisser que mon nom, m'oblige à le défendre et à le laver de toutes les souillures dont les méchants s'efforcent de le couvrir ; c'est à cet effet seul que j'invoque des témoignages, et encore, je veux en être sobre; je n'en invoque que deux sur la journée du **17** avril, celui de **M.** Jules Favre et celui de **M.** Lherbette, Représentants à l'Assemblée Nationale tous deux.

Ce jour, entendant battre le rappel, je cours à la mairie de mon arrondissement. J'y trouvai **MM.** Durand Saint-Amand et de Benazé, mes amis, maire et adjoint de cet arrondissement. Je leur demandai ce qu'il y avait, et pourquoi le rappel ; ils me répondirent qu'ils n'en savaient rien, que l'ordre avait été adressé directement à l'état-major. Ne pouvant connaître au juste la cause de ce rappel général qui nous inquiétait tous, je dis à mes amis que pour la connaître, j'allais aller au ministère de l'intérieur, d'où l'ordre avait dû partir, et que, s'il était utile, je reviendrais le leur apprendre.

J'allai en effet au ministère; je trouvai dans la cour **M.** Carteret qui me dit d'abord qu'il n'y avait ni ministre, ni secrétaire général; j'insistai en lui en disant le motif; alors il m'accompagna auprès de **M.** Jules Favre, qui me dit : il n'y a rien, et le mieux que vous puissiez faire, c'est de retourner dire à **MM.** le maire et colonel de faire rentrer la légion. Je lui demandai un mot pour **M.** le maire; il me le refusa en me disant : Je ne puis pas me mettre en désaccord avec mon ministre, qui a lui-même donné l'ordre de battre le rappel; mais, ajouta-t-il, si vous voulez le voir, vous le trouverez encore en ce moment chez le ministre des finances, ou un peu plus tard à l'Hôtel-de-Ville, où ils doivent se rendre ensemble. Il me donna un billet pour **M.** Ledru-Rollin, que je ne pus rejoindre qu'à l'Hôtel-de-Ville.

Je m'adressai à plusieurs autres membres du Gouvernement et particulièrement à **M.** Lamartine. Je leur parlai de la nécessité pressante de montrer au peuple qu'ils n'étaient pas divisés; que s'ils l'avaient été quelques instants, il y avait eu franche réconciliation; je voulais qu'en témoignage de cette réconciliation, ils s'embrassassent tous cordialement et comme de bons frères, sur la place, en présence du peuple qui allait s'y rassembler.

M. Lherbette et un de ses amis que j'avais été assez heureux de faire entrer dans le salon donnant sur la place, où nous restâmes ensemble pendant toute la revue, furent témoins de mes efforts; quand ces Messieurs du Gouvernement furent descendus, **M.** Lherbette me dit : Ce que vous demandez est impossible; ce Gouvernement est composé d'éléments trop hétérogènes. Ce matin, quand j'ai offert à **M.** Lamartine de le faire conduire ici dans ma voiture et de l'accompagner, il me dit : C'est bien assez qu'un honnête homme périsse; je ne veux pas que vous m'accompagniez. Vous voyez bien qu'il n'est pas possible que ces hommes-là marchent ensemble. Cependont l'ordre dans lequel ces Messieurs parcoururent en se donnant le bras, les rangs de la garde nationale et des ouvriers, presque confondus les uns avec les autres, me fit concevoir l'espoir d'un retour à l'union, que commandait si puissamment le salut de la patrie.

Quelque dénués d'intérêt que soient ces faits pour ces Messieurs, j'ose espérer qu'ils en auront conservé souvenir, et qu'ils ne se refuseront pas d'en rendre témoignage; je le leur demande pour le triomphe et au nom de la vérité.

Je suis aussi allé à l'Hôtel-de-Ville le 15 mai, et voici comment : mes amis me pardonneront de les nommer; ils en apprécieront les motifs et la nécessité.

La veille donc de ce malheureux jour, le 14, je m'étais réuni à la députation de mon département, conduite par MM. Barthélemy et Marescal, Représentants du peuple, mes anciens et bons camarades, qui étaient venus pour assister à la fête de la fraternité.

De cette députation, faisait partie M. Ray-Garnier, négociant à Chartres, et ami comme moi de M. Flotard, le secrétaire-général de la Mairie centrale de Paris. M. Ray avait mission officieuse de nos amis de Chartres d'appuyer ou faire appuyer la nomination de M. *Sellecque*, notre ami commun, à la préfecture de Chartres.

Il savait qu'en même temps que j'avais indiqué pour commissaires généraux du département MM. Barthélemy et Marescal, j'avais indiqué M. Sellecque pour l'un des membres de la municipalité, et il en concluait que je devais être bien disposé à l'assister dans ses démarches ; il me croyait d'ailleurs un crédit que je n'avais point, quoique je connusse très bien M. Recurt, le nouveau ministre de l'intérieur; cependant je ne pouvais lui refuser mon concours, et nous nous donnâmes rendez-vous chez moi pour le lendemain matin, à l'effet de nous entendre.

J'avais d'abord pensé que nos appuis tout naturels étaient nos deux Représentants Barthélemy et Marascal, qui, pour venir à l'Assemblée Nationale, avaient confié la préfecture à M. Sellecque ; mais nous nous rappelâmes qu'il y avait un obstacle invincible dans le fameux ordre du jour de l'Assemblée Nationale, par lequel elle interdisait à tous ses membres d'appuyer aucune demande près des ministres.

Mais ! dis-je alors à M. Ray, notre ami Flotard est intimement lié avec M. Recurt, et il pourrait au besoin nous aider. Nous convînmes de le voir. Nos dispositions arrêtées, j'offris à M. Ray à déjeûner, et comme je n'ai point d'état de maison, je lui proposai d'aller sur le boulevart. Il me dit : Oui ; mais j'ai promis à un ami, et il faut que je le prévienne que je ne peux pas déjeûner avec lui; nous allons y aller ensemble. Il ne me disait pas que l'ami demeurait à la barrière du Trône, et il me trompait, car son projet était de me faire déjeûner avec lui chez cet ami. Une fois là, le maître et la maîtresse de la maison me pressèrent avec tant de cordialité, que je ne pus refuser.

Nous quittâmes ces aimables hôtes sur les trois heures, et nous descendîmes directement à l'Hôtel-de-Ville. Nous y entrâmes par la porte de derrière, pour n'en pas faire le tour, en sorte que nous étions parvenus jusque dans le cabinet de M. Flotard avant d'avoir entendu dire un mot des événements du jour. Il me parut fort tourmenté.

Sans autre préambule, en nous serrant la main, il nous dit : Avez-vous des nouvelles ? et le colloque continua ainsi : Quelles nouvelles ! De l'Assemblée Nationale ? — Non ; nous venons de la barrière du Trône. — Il paraît que la Chambre a été envahie ; mais je n'ai rien de précis sur cet attentat et ses suites.

Nous nous mîmes immédiatement à sa disposition pour aller à la Chambre savoir ce qui s'y passait et lui en rapporter la nouvelle. Il me donna pour laissez-passer une nouvelle carte d'entrée de la Ville, et nous partîmes.

Pour aller plus vite, nous avions pris un milord et étions passés par la rive gauche. Nous allions arriver à la rue de l'Université quand nous fûmes arrêtés par une très grande foule venant de la Chambre, annonçant qu'elle était dissoute qu'il n'y avait plus d'Assemblée Nationale, que le nouveau gouvernement provisoire marchait, sur l'autre rive, à l'Hôtel-de-Ville.

Nous prîmes la rue des Saints-Pères pour éviter la rencontre de cette foule ; mais il s'en détacha un certain nombre qui vinrent nous faire descendre de voiture et les suivre.

Nous nous soumîmes de bonne grace. Notre mission se trouvait du reste remplie, et il nous importait de retourner au plus tôt à la Ville pour en rendre compte. Il nous fut facile de nous séparer de cette foule sans ordre, en route ; mais quand nous arrivâmes à la grille devant l'Hôtel-de-Ville, nous ne pûmes entrer, quoique je fusse porteur du laissez-passer que m'avait remis l'ami Flotard. M. Ray-Garnier y entra après beaucoup de difficultés par une autre porte que celle où j'étais. Il redescendit bientôt avec une mission pour la commission exécutive du Luxembourg. Je ne le compris pas bien quand il vint m'en faire part à la grille où il m'avait laissé, parce que j'avais l'esprit préoccupé de ce que je voyais et ne pouvais m'expliquer ; il était accompagné d'une autre personne qui le pressait : il partit et je continuai mes efforts pour entrer.

J'avais pu remarquer tout le désordre qui régnait dans la surveillance extérieure de l'Hôtel-de-Ville ; mais ce qui me frappa le plus, et me donna la plus vive inquiétude, ce fut de voir jeter de l'entresol de l'Hôtel, par deux croisées à la fois, sur la place, au-delà de la grille, une quantité prodigieuse de paquets de cartouches qui étaient ramassés indistinctement par les gardes nationaux, les bourgeois, les ouvriers et les enfants qui s'y trouvaient réunis pêle-mêle.

Oh ! j'avoue que cet inconcevable mode de distribution de *projectiles destinés à donner la mort*, que dans les plus grandes circonstances on ne distribue qu'aux hommes bien connus et avec la plus grande réserve, me soulevait le cœur d'indignation, et me faisait regretter amèrement de n'avoir aucun moyen, aucune autorité pour l'empêcher. J'en éprouvais d'autant plus le besoin d'entrer ; j'y parvins enfin : un capitaine de la garde nationale me fit ouvrir la grille sur le vu de mon laissez-passer. Le désordre et la confusion étaient au-dedans comme au-dehors, ou plutôt beaucoup plus grand encore qu'au dehors.

Après avoir, sans obstacle aucun, monté les escaliers, suivi les couloirs et traversé une grande quantité de pièces où j'avais trouvé des gens faisant ou copiant des listes de gouvernement provisoire, qu'on jetait ensuite par les fenêtres, je finis par arriver jusqu'à M. Flotard, seule autorité visible à la Ville jusque-là pour moi; je lui dis tout ce que je venais de voir. Je m'exprimai avec une grande vivacité, parce que j'étais indigné. Le croyant seul et maître de prendre un parti, je voulais que, ceint de son écharpe municipale, il descendît avec moi sur la place, au milieu du peuple, pour l'éclairer sur la situation, ranimer sa confiance en lui montrant qu'il en avait en lui, l'exhorter à l'union, à la concorde et à la paix; puis remonter ensuite, fort de cette confiance, faire évacuer l'Hôtel-de-Ville par toutes les personnes qui s'y étaient introduites, la plupart, bien certainement, par pure curiosité, en employant le même moyen; je voulais enfin, comme toujours et partout, concilier ou réconcilier, et prévenir en éclairant et non laisser faire pour réprimer.

Je ne pouvais comprendre ce laisser faire qui, à mes yeux, mettait en péril la République que j'avais fondée, et que je voulais à tout prix maintenir; je voulais surtout éviter l'effusion du sang.

M. Flotard, sans me convaincre, m'imposa silence en invoquant notre vieille amitié, son expérience et son patriotisme dont je ne pouvais douter. Nous nous embrassâmes, et je lui remis le soin de nous sauver tous en sauvant la République.

Mais je souffrais d'autant plus de mon inaction en voyant que la place se remplissait à chaque instant davantage d'hommes armés et non armés.

Tout à coup les acclamations unanimes et les plus énergiques se font entendre au-dehors; elles annonçaient l'arrivée de MM. Lamartine et Ledru-Rollin, suivis d'un assez nombreux état-major ou escorte, à l'Hôtel-de-Ville.

Oh! alors grand mouvement dans l'intérieur; M. le maire, M. l'adjoint apparaissent triomphants. Tous ces messieurs se réunissent dans la pièce voisine; je veux y entrer, mais je ne le puis; on n'y laisse pénétrer que les Représentants du peuple ou les officiers supérieurs de l'armée et de la garde nationale.

Ce n'était plus alors pour moi qu'un objet de curiosité, puisque la toute puissance, représentée par MM. Lamartine et Ledru-Rollin, est là qui veille et agit. Je n'insiste pas, j'attends seulement pour connaître le résultat, et cependant je me retire sans le connaître; je ne l'apprends qu'à l'Assemblée Nationale. MM. Lamartine et Ledru-Rollin venant à passer par la pièce où j'étais resté avec quelques personnes, je les accompagnai; ils se retiraient, je me retirai avec eux; ils furent accueillis à leur sortie de l'Hôtel-de-Ville comme à leur entrée, c'est-à-dire avec le plus grand enthousiasme.

Je n'avais pu que serrer la main de M. Ledru-Rollin, et lui dire : Vous avez sauvé la République, mon ami, merci !

Et en effet, jusqu'à l'arrivée de MM. Lamartine et Ledru-Rollin il y avait partout, à l'intérieur comme à l'extérieur, un bourdonnement sourd et lugubre qui témoignait d'un sentiment profond d'inquiétude dans les masses et qui présageait quelque grand malheur.

Dès qu'ils paraissent, la crainte, l'inquiétude, s'évanouissent; la joie, signe certain de confiance, d'union et de paix, renaît dans tous les cœurs et se manifeste par des acclamations les plus sympathiques.

Quel enseignement pour tous, et principalement pour M. le maire de Paris, dans cette manifestation du peuple à la vue de ses élus!!

M. Marrast était alors en pleine possession de la confiance du peuple, au même titre que MM. Lamartine et Ledru-Rollin, et encore à celui particulier de premier magistrat de la cité; il dépendait donc de lui de recueillir seul toute la gloire revenue à ses collègues, en allant au milieu de ce peuple satisfaire sa soif légitime de nouvelles officielles qui le tourmentait depuis plus de deux heures, et pouvait le pousser fatalement hors des limites de l'ordre.

Il pouvait plus; il pouvait, sinon effacer cette triste page de notre histoire, du moins, préparer une réconciliation franche, et concourir à fonder enfin véritablement la République.

En se tenant prudemment dans son cabinet jusqu'à l'arrivée des membres de la commission exécutive, il a perdu une belle occasion de gloire de bon aloi et à bon marché, pour ne se réserver que le triste honneur, que sans doute ses collègues ne lui envient point, d'avoir fait emprisonner sur le lieu même où ils l'avaient élevé à la dignité partielle de chef du gouvernement de la République, les fondateurs de ce gouvernement.

Je ne veux point me faire juge de la conduite de M. Marrast autrement que pour expliquer la mienne, et prouver qu'elle était d'un franc et loyal républicain. Je reste même bien convaincu que si l'ami Flotard eût été libre d'agir comme je le croyais, il n'en aurait pas suivi d'autre. Mais, je le répète, ma conviction n'est que l'effet sympathique de l'amitié vive qui nous unit; elle ne peut engager ni compromettre personne.

Je viens à mon récit :

Je disais comment j'étais sorti de l'Hôtel-de-Ville; nous arrivâmes difficilement près de l'arbre de la liberté, sur la place. Là, M. Lamartine retrouva son cheval, le monta, et prit le devant aussi vite que la foule le lui permit. M. Ledru-Rollin continua sa route à pied jusqu'au-delà de la place du Châtelet; il monta alors sur un cheval que lui offrirent les gardes nationaux à cheval stationnés sur ce point, reprit sa route escorté par ces Messieurs qui l'accompagnèrent jusqu'à l'Assemblée Nationale; il reçut sur son passage, de tous indistinctement, les témoignages de la plus vive sympathie.

J'entrai à la Chambre avec lui; mais arrivé près de la salle des séances, je voulus monter dans les tribunes publiques; ne connaissant pas bien cette salle, je me trompai et pris une porte qui me conduisit au bas de la tribune des députés, à droite. J'eus alors l'indiscrétion d'aller me cacher sur l'un des bancs supérieurs de l'extrême droite, dans la crainte en sortant de ne pouvoir pénétrer dans les tribunes et assister à la séance.

Je suis resté à cette place pendant toute la séance, la tête dans mes deux mains pour n'être pas reconnu et ne pas blesser l'Assemblée ; pourtant, malgré mes précautions, je ne pus empêcher qu'un des premiers magistrats de la cour de Paris, de mes amis, ne me reconnut.

Je rentrai chez moi aussitôt après la séance.

Je n'ai plus à ajouter que quelques mots, et vous connaîtrez mon histoire.

Aussitôt après la révolution de février, tous les membres de l'ancien comité d'opposition du 1er arrondissement se réunirent et formèrent une nouvelle société, sous le titre de *Comité républicain démocratique du 1er arrondissement*.

J'en fus le fondateur avec MM. les Maire, Adjoints et beaucoup d'autres citoyens de l'arrondissement. Nous avons publié nos principes, et chacun a pu y voir que nous voulions, tout à la fois, défendre la République, la famille et la propriété.

Je n'ai jamais été membre d'aucun club ; je me suis seulement abonné, pour le temps des élections, à celui qui se tenait à côté de chez moi.

J'ai pris une part fort active, sans doute, dans les élections de la garde nationale et des représentants à l'Assemblée Nationale ; mais je ne me suis jamais occupé d'en éloigner que les ennemis de la République.

Après les évènements de mai, les hommes politiques eurent le devoir de s'occuper plus activement que jamais des élections complémentaires du département de la Seine ; je fus dans mon arrondissement celui qui, comme membre du comité démocratique, s'en occupa le plus ; et mes sentiments, mes principes, se trouvent traduits clairement dans la liste de mes onze candidats que voici : Caussidière, Foissac, Flotard, de Bénazé, Carteret, Thoré, Ribeyrolles, Moreau, Schœlcher, Dupoty et Charles Lesseps. Cette liste a été insérée dans la *Réforme* et dans la *Vraie République* à l'époque des élections, à ma sollicitation.

J'ai terminé : vous avez sous les yeux ma vie politique ; s'il m'était permis d'y placer aussi ma vie privée, ma vie de famille, je saisirais avec bonheur cette occasion de confondre la perfide et lâche calomnie qui me poursuit jusque dans ma captivité, à laquelle peut-être elle n'est pas étrangère. Mais.......... ma conscience me dit que si je n'ai pas motif de me glorifier, je n'ai non plus motif de rougir, ni de l'une, ni de l'autre.

C'est une satisfaction que ne peuvent avoir mes calomniateurs au sommet des grandeurs ;

C'est dans cette situation que je m'adresse à vous, citoyens Représentants, et viens vous prier de me faire connaître les faits qui motivent ma détention, de les apprécier ou faire apprécier, et enfin de me rendre ou faire rendre à la liberté.

En attendant, au fond de ma prison, je crie : vive la liberté, vive la République !

Salut et fraternité.

DELAIR.

Aux Citoyens Représentants

A L'ASSEMBLÉE NATIONALE,

Membres de la Commission d'enquête sur les Évènements de Juin et de Mai.

Citoyens,

Depuis cinquante-cinq jours que je suis captif, depuis un mois que je suis sans communication aucune avec le dehors, pas même pour signer une procuration qui devait empêcher ma ruine entière, je me suis adressé à tout ce qui semblait avoir autorité pour me faire connaître les faits qui motivaient ma détention, les faire apprécier et me rendre ou faire rendre à la liberté.

Je me suis également adressé à vous, Citoyens, à cet effet.

De nulle part je n'ai reçu de réponse.

Je n'ai cessé de porter mes souvenirs sur tous les actes de ma vie, en remontant jusqu'aux plus anciens.

Je l'y aurais en vain consacrée tout entière ; la révélation ne pouvait m'en venir que du dehors.

C'est, en effet, dans un extrait de la *Gazette des Tribunaux*, qu'un membre de ma famille, tout effrayé, a pu me faire glisser dans mon cabanon, qu'elle se trouve.

J'y lis : « Une instruction longue et importante a été suivie par l'un de MM. les
» juges instructeurs délégués par l'autorité militaire contre M. Delair, ancien avoué
» à la Cour d'appel, secrétaire du Club des Clubs, signalé comme l'un des instiga-
» teurs de l'insurrection de juin. Dans une perquisition faite à son domicile, la
» police a saisi un grand nombre de pièces, parmi lesquelles se trouvent des procla-
» mations séditieuses.

» On assure que les renseignements recueillis par l'information judiciaire sem-
» bleraient indiquer que l'inculpé n'était pas resté étranger à l'attentat du 15 mai
» envers l'Assemblée nationale, et qu'il entretenait des rapports fréquents avec deux
» des principaux personnages sur lesquels le rapport de la Commission d'enquête
» présenté à l'Assemblée par M. Bauchart fait planer de graves inculpations.

» Cette affaire vient d'être soumise à l'une des Commissions militaires qui, après
» avoir consacré une grande partie de la journée d'hier à l'examen de toutes les
» pièces de ce volumineux dossier, a décidé aujourd'hui que l'inculpé Delair serait
» traduit devant le Conseil de guerre ; en conséquence, les pièces de l'instruction,
» ainsi que les armes et les pièces de conviction saisies, ont été transmises à M. le

» général commandant la 1re division militaire, pour qu'il soit informé par l'un de
» MM. les officiers rapporteurs (*Gazette des Tribunaux*). »

Eh bien ! qui le croirait ? il n'y a dans cet article qui me regarde que le nom et
la qualité d'avoué ; tout le reste est plume de paon, dont à mon insu on m'a paré
comme un geai, à la Commission militaire ou ailleurs, je ne sais. Mais je n'ai point,
comme cet oiseau, la vanité de vouloir les porter, par mille raisons inutiles à
déduire, et encore parce que je tiens pour le respect de la propriété, parce que
celui auquel ces plumes appartiennent est, me dit-on, car je ne le connais point,
fort en état de les porter et de les défendre, et enfin parce qu'en m'en chargeant
je n'épargne aucune peine au véritable propriétaire, qui est lui-même aussi, me
dit-on, toujours placé sous les verrous.

N'est-ce pas une preuve éclatante de la sollicitude avec laquelle MM. de la Commission militaire, y compris M. le président Bertrand, traitent les citoyens que les
malheurs du temps soumettent à leur juridiction arbitraire.

Mon berger, quand je lui confiais le soin de faire le triage des moutons que je
voulais faire conduire à la foire ou à la boucherie, l'opérait toujours sans commettre
la moindre méprise.

Si le service de la Commission n'était pas tellement avancé que l'expérience de
mon berger pût encore lui être utile, je le mettrais volontiers à sa disposition pour
éviter que des méprises aussi funestes fussent commises à l'avenir au préjudice de
mes compagnons de captivité.

Je vous supplie, Citoyens, au nom de votre toute-puissance qui vous impose,
devant le monde et devant Dieu surtout, une responsabilité terrible, veillez à ce
qu'il soit pris plus de souci de la liberté, de la vie des hommes.

Veuillez vous souvenir et le rappeler à tous par l'exemple, qu'à défaut de Consti-
tution, nous avons un drapeau sur lequel est inscrite cette admirable devise :

LIBERTÉ, ÉGALITÉ, FRATERNITÉ,

qui doit nous en tenir lieu, que chacun de nous a le droit d'invoquer, et qu'il est
de votre devoir d'appliquer et de faire appliquer.

C'est en vertu de cette loi sublime, que je n'ai point blessée, que je vous demande
ma liberté et la révision de toutes les sentences portées contre mes malheureux
compagnons de captivité, victimes peut-être de pareilles méprises irréparables pour
ceux qui sont appelés à subir la transportation, puisqu'il ne leur est donné aucun
motif de la mesure qui les frappe.

Je prie Dieu de vous inspirer, et attends avec confiance votre résolution.

VIVE LA RÉPUBLIQUE.

Paris, 18 août 1848.

Salut et fraternité.

DELAIR,
Détenu politique à la Conciergerie.